I0765095

This book
belongs to:

1=Red 2=Gray 3=Gold 4=Skin color

5=Pink 6=Black 7=White 8=Dark blue

1=Brown 2=Gray 3=Black 4=Orange

5=Green 6=White 7=Red 8=Light blue

1=Black   2=Orange   3=Green   4=Brown

5=Purple   6=White   7=Blue   8=Choose your favourite

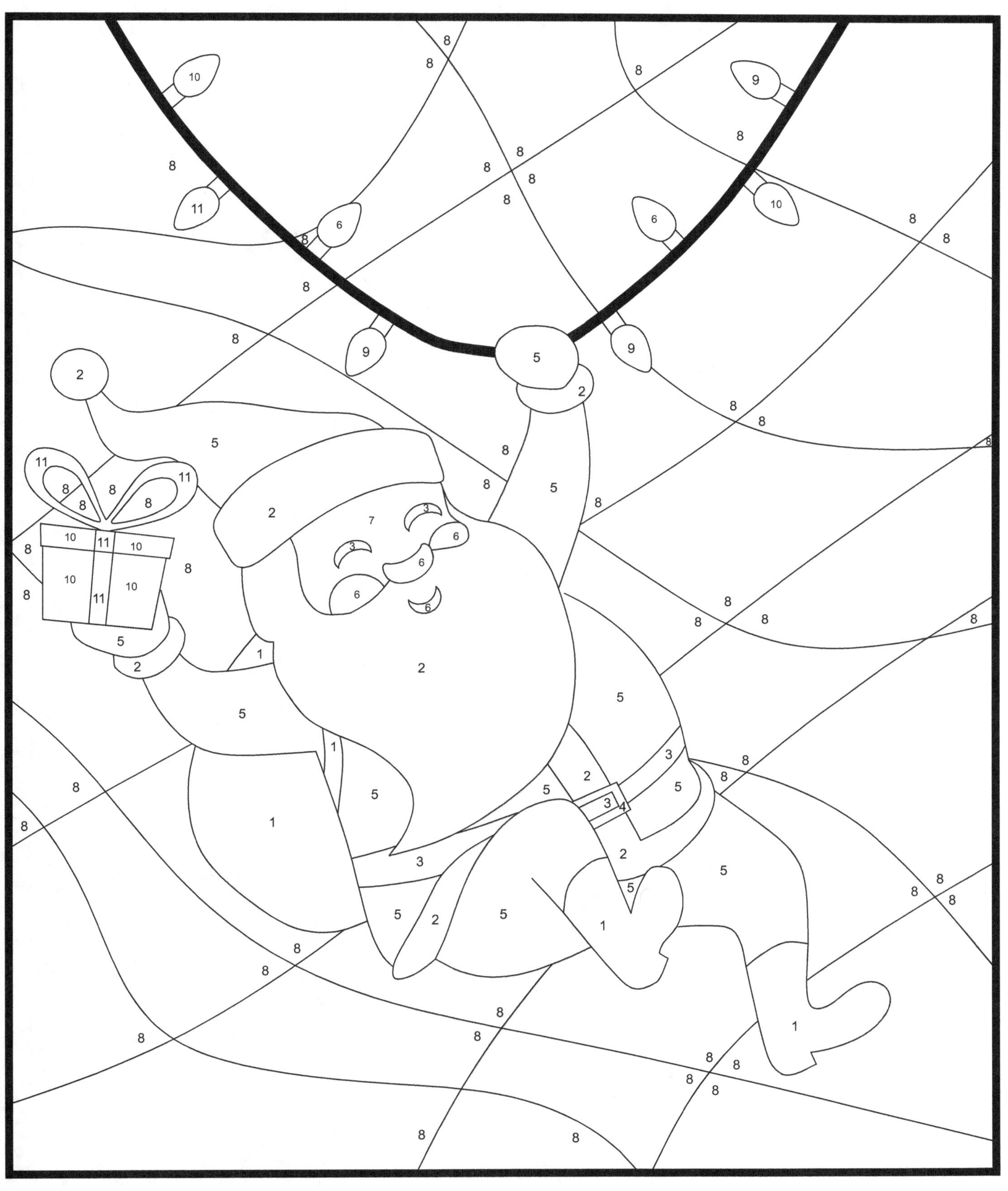

1=Brown   2=White   3=Black   4=Gold   5=Red   6=Pink

7=Skin color 8=Blue   9=Yellow   10=Orange 11=Green

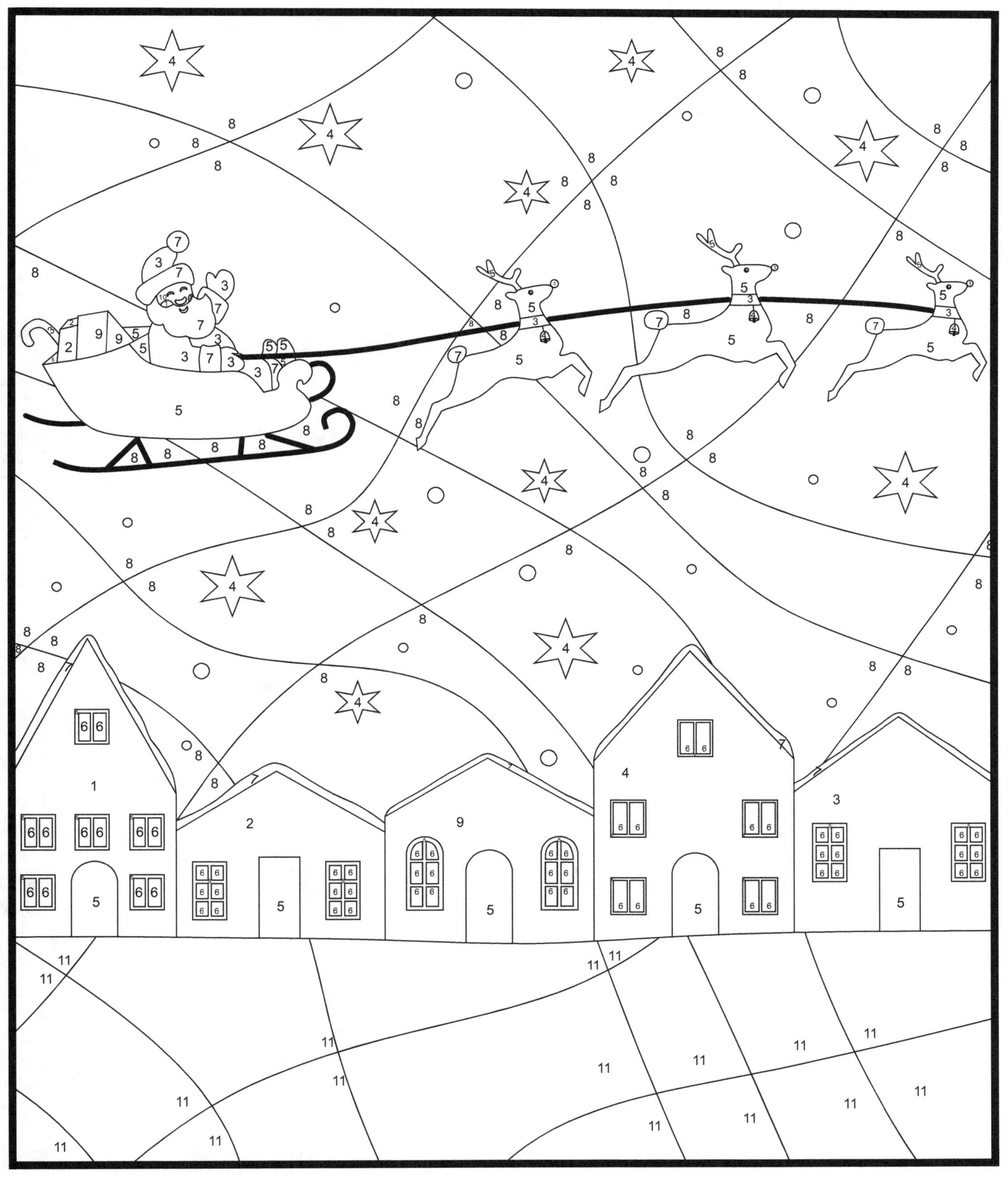

1=Pink   2=Green   3=Red   4=Yellow   5=Brown   6=Black

7=White   8=Dark blue   9=Orange   10=Skin color   11=Gray

1=Brown   2=Red   3=Yellow   4=Pink   5=Black

6=Black   7=Orange   8=Green   9=White   10=Blue

1=Green   2=Orange   3=Black   4=Brown   5=Red

6=Skin color   7=Gray   8=White   9=Blue

1=Orange   2=Pink   3=Purple   4=Yellow   5=Red   6=Skin color

7=Brown   8=Chocolate   9=Blue   10=Green   11=Gray   12=Black

1=Green   2=Red   3=Orange   4=White   5=Brown

6=Black   7=Green   8=Gray   9=Yellow

1=Green 2=Red 3=Orange 4=Brown

5=Gray 6=White 7=Blue

1=Green

2=Red

3=White

4=Orange

5=Brown

6=Blue

1=Brown   2=Red   3=Orange   4=Blue

5=Yellow   6=Silver   7=Green   8=Gray

1=Orange	2=Red	3=Pink	4=Yellow
5=Skin color	6=White	7=Red	8=Green

1=Gold   2=Silver   3=Red

4=Green   5=Blue

1=Brown   2=Yellow   3=Orange   4=Red

5=Green   6=Purple   7=Gray

1=Blue	2=Silver	3=Orange	4=Purple
5=Yellow	6=White	7=Red	8=Green

1=Orange 2=Yellow 3=Purple 4=Brown

5=Red 6=Green 7=Red

1=Beige
2=Yellow
3=Orange
4=Red
5=Black
6=Green
7=Brown
8=Blue
9=White

1=Red   2=Green   3=Orange   4=Black

5=White   6=Blue   7=Light blue

1=Red	2=Orange	3=Brown	4=Black	5=Yellow
6=Green	7=White	8=Light blue	9=Blue	

1=Brown   2=Gray   3=Black   4=Maroon   5=Blue

6=Skin color   7=Red   8=White   9=Yellow   10=Green

1=Gray   2=Brown   3=Green   4=Orange

5=Red   6=White   7=Skin color   8=Blue

1=Brown   2=Beige   3=Skin color   4=Orange   5=Yellow   6=Green

7=White   8=Gray   9=Maroon   10=Pink   11=Black   12=Blue

1=Black   2=Gray   3=Green   4=Red

5=Orange   6=White   7=Brown   8=Blue

1=Skin color   2=Black   3=Orange   4=Brown   5=Yellow

6=Red   7=White   8=Gray   9=Dark blue